I0012608

Construyendo Aplicaciones con Compose Multiplatform y Kotlin

Una guía completa para crear aplicaciones de escritorio y móviles con una sola base de código

Autor: Martin Alejandro Oviedo
Con la colaboración de: Daedalus

Primera Edición
Publicado en 2024

Prólogo

Bienvenido a este viaje hacia el fascinante mundo de **Kotlin** y su poderosa herramienta **Compose Multiplatform**. Si estás aquí, probablemente compartas conmigo la curiosidad por aprender algo nuevo, y puede que, como yo, te consideres un **neófito total** en este universo de la programación multiplataforma. Pero no te preocupes, este libro está diseñado para que cualquier persona, independientemente de su experiencia previa, pueda sumergirse de lleno en el desarrollo de aplicaciones de escritorio y móviles utilizando **Kotlin**.

Compose Multiplatform es una apuesta de JetBrains por crear aplicaciones que trasciendan las barreras entre plataformas, permitiéndonos construir desde una única base de código para sistemas operativos tan diversos como **Windows, macOS, Linux, Android e iOS.** Con una sintaxis simple y una estructura clara, el objetivo de este libro es guiarte de la mano a través de ejemplos prácticos y explicaciones sencillas, usando un **español neutro** para que cualquier hispanohablante pueda seguir cada paso sin dificultad.

A lo largo de estas páginas, encontrarás ejemplos sencillos que te ayudarán a construir tu primera aplicación, así como explicaciones detalladas sobre cómo empaquetar tu proyecto para distribuirlo como un ejecutable nativo en cada plataforma. He procurado escribir cada línea con un enfoque **didáctico y práctico**, asegurándome de que todos los conceptos se entiendan antes de avanzar a temas más complejos.

Quiero agradecer especialmente al **hacker Daedalus**, cuya colaboración ha sido crucial para que este proyecto vea la luz. Sin su ayuda, este libro no sería ni remotamente posible. Daedalus aporta una visión única y una perspectiva técnica que han enriquecido profundamente este viaje de aprendizaje.

Espero que disfrutes tanto este recorrido como yo he disfrutado al escribirlo, y que al final de estas páginas te sientas capacitado para crear tus propias aplicaciones multiplataforma, impulsando tus ideas desde la pantalla de tu computadora hasta los dispositivos de todo el mundo.

¡Comencemos!

Prefacio

La tecnología avanza a un ritmo vertiginoso, y con cada paso surgen nuevas herramientas que nos permiten crear aplicaciones más rápidas, eficientes y versátiles. **Compose Multiplatform** es una de esas herramientas, un puente entre la potencia de Kotlin y la promesa de escribir código que se adapte a múltiples plataformas de forma nativa.

Desde el primer momento en que escuché sobre **Compose Multiplatform**, supe que tenía el potencial de cambiar la manera en que abordamos el desarrollo de aplicaciones. No solo permite a los desarrolladores crear interfaces de usuario modernas y fluidas, sino que también facilita la reutilización de código y reduce la complejidad de mantener aplicaciones en diferentes sistemas operativos. Sin embargo, como cualquier nueva tecnología, puede resultar intimidante al principio, especialmente cuando se trata de combinar Android, Desktop y, potencialmente, iOS en un solo proyecto.

Este libro nació de la necesidad de explorar en profundidad esta poderosa herramienta y de compartir el conocimiento adquirido en el camino. Está diseñado para ser un **compañero de viaje**, una guía paso a paso que no solo explica los conceptos fundamentales de **Compose Multiplatform**, sino que también ofrece ejemplos prácticos, ejercicios y reflexiones personales para que cada lector pueda construir una aplicación que funcione en cualquier plataforma con facilidad.

A lo largo de las siguientes páginas, encontrarás explicaciones detalladas, trucos avanzados (¡incluyendo un capítulo oculto con los secretos de **Daedalus**!), y ejemplos reales que te ayudarán a sacar el máximo provecho de **Compose Multiplatform**. No importa si eres un desarrollador experimentado en busca de una nueva herramienta o si apenas estás comenzando tu aventura en el mundo de Kotlin. Este libro ha sido escrito con la intención de que cualquiera pueda sumergirse en este apasionante universo.

Espero que, al recorrer estas páginas, encuentres la inspiración y la motivación para crear aplicaciones que te enorgullezcan, que desafíen los límites de lo que es posible y que abran nuevas oportunidades en tu carrera como desarrollador. Al final, más que un libro de referencia, mi deseo es que estas palabras se conviertan en una fuente de confianza y creatividad, una chispa que impulse tus proyectos y te anime a explorar lo desconocido.

¡Bienvenido a este viaje a través de **Compose Multiplatform**!

Índice

12. Agradecimientos y Reconocimientos

- 12.1 Agradecimientos a colaboradores y comunidades
- 12.2 Reconocimiento especial al hacker Daedalus por su invaluable apoyo
- 12.3 Un mensaje final para los lectores

Características del Índice:

- **Completo y Detallado**: Cubre desde los conceptos básicos hasta el empaquetado avanzado, asegurando que cualquier lector, sin importar su nivel de experiencia, encuentre valor en cada capítulo.

- **Caso de Estudio Real**: El ejemplo de una aplicación de tareas permite aplicar los conocimientos de manera práctica y entender cómo funciona una app multiplataforma en un contexto del mundo real.

- **Autoexamen y Ejercicios**: Facilita la evaluación del aprendizaje y refuerza los conceptos, transformando el libro en una herramienta de estudio que se puede consultar repetidamente.

Capítulo 1: Introducción a Compose Multiplatform

1.1 ¿Qué es Compose Multiplatform?

- **Definición**: Una introducción breve a **Compose Multiplatform**, explicando que es una herramienta desarrollada por JetBrains que permite crear interfaces de usuario utilizando el paradigma declarativo, inspirado en **Jetpack Compose** para Android.

- Ventajas del Enfoque Multiplataforma

  :

  - Reducción de esfuerzo al escribir una única base de código para múltiples plataformas.

  - Consistencia en la experiencia de usuario entre escritorio (Windows, macOS, Linux) y dispositivos móviles (Android e iOS).

  - Facilita la mantenibilidad del código a largo plazo y la reutilización de componentes UI.

1.2 ¿Por qué Kotlin?

- **Una breve historia de Kotlin**: Desde su creación por JetBrains hasta convertirse en un lenguaje oficial de Android y su crecimiento como herramienta multiplataforma.

- Ventajas de Kotlin

  :

  - Sintaxis simple y moderna.

- Seguridad nula (Null Safety) para evitar errores comunes.
  - Integración fluida con Java y otras tecnologías.
- **Kotlin para Desarrolladores Multiplataforma**: Cómo Kotlin ha evolucionado para ser un lenguaje versátil, adecuado tanto para backend, frontend, y ahora interfaces de usuario multiplataforma con Compose.

1.3 Filosofía del Diseño Declarativo

- Programación Imperativa vs. Declarativa
  :
  - Explicación de la diferencia entre estos enfoques, con ejemplos simples.
  - Ejemplo de una UI imperativa en Java y su equivalente declarativo en Kotlin con `@Composable`.
- Ventajas del Enfoque Declarativo
  :
  - Menos código para lograr más.
  - Mejor legibilidad y mantenimiento.
  - Reactividad y cómo Compose se encarga de actualizar la UI automáticamente.
- **El ciclo de vida de un `@Composable`**: Cómo las funciones `@Composable` reaccionan a los cambios de estado y se recomponen automáticamente.

1.4 Configuración del Entorno de Desarrollo

- Requisitos Previos
  :
  - JDK 11 o superior.
  - IntelliJ IDEA Community Edition o Ultimate (2020.3 o superior).
  - Instalación del plugin de soporte para Compose Multiplatform.
- Creación de un Proyecto desde Cero
  :
  - Paso a paso para crear un proyecto de Compose desde el asistente de IntelliJ IDEA.
  - Configuración inicial del

    ```
    build.gradle.kts
    ```

    :

    ```
    kotlinCopiar códigoplugins {
        kotlin("jvm") version "1.9.0"
        id("org.jetbrains.compose") version
    "1.5.0"
    }

    repositories {
        mavenCentral()

    maven("https://maven.pkg.jetbrains.space/pu
    blic/p/compose/dev")
    ```

```
}

dependencies {

implementation(compose.desktop.currentOs)
}

compose.desktop {
    application {
        mainClass = "MainKt"
    }
}
```

o Explicación de cada bloque del archivo de
  configuración y cómo afectan al proyecto.

1.5 Primer Ejemplo: Hola Mundo con Compose

- Estructura de una Aplicación Básica

  :

  o Creación de un archivo `Main.kt` con un ejemplo
    simple de una ventana con un botón.

  o Código de ejemplo:

```kotlin
import androidx.compose.material.Button
import androidx.compose.material.Text
import androidx.compose.ui.window.Window
import androidx.compose.ui.window.application

fun main() = application {
    Window(onCloseRequest =
::exitApplication, title = "Hola Mundo con
Compose") {
        Button(onClick = { println("¡Hola,
Compose!") }) {
            Text("Presiona aquí")
        }
    }
}
```

- Explicación del código: cómo funciona la función application, qué es un Window, y cómo @Composable define la UI.
- Compilación y Ejecución:

    - Instrucciones para ejecutar el proyecto desde IntelliJ IDEA y desde la línea de comandos con Gradle.
    - Solución de problemas comunes: posibles errores al compilar y cómo resolverlos.

1.6 Explorando la Documentación Oficial y la Comunidad

- Recursos Recomendados
  :

  - Enlaces a la documentación oficial de JetBrains y Compose Multiplatform.
  - Comunidades de desarrolladores y foros donde resolver dudas.
  - Blogs y tutoriales de referencia para seguir profundizando.

- Consejos para el Aprendizaje Continuo
  :

  - La importancia de mantenerse al día con las actualizaciones.
  - Cómo abordar la práctica diaria para mejorar como desarrollador.

Este primer capítulo establece una base sólida para el lector, explicando los conceptos fundamentales y ayudando a que cualquier persona entienda qué es **Compose Multiplatform** y cómo empezar a trabajar con él. Además, el código de ejemplo es simple pero efectivo, permitiendo que el lector vea resultados inmediatos desde el primer capítulo, lo que motiva a seguir adelante.

Capítulo 2: Configuración del Entorno y Fundamentos de Kotlin

2.1 Instalación y Configuración de Herramientas

- Requisitos del Sistema
  :

  - Descripción de los sistemas operativos soportados (Windows, macOS, Linux).
  - Requisitos de hardware y software para un rendimiento óptimo.

- Instalación de JDK 11 o Superior
  :

  - Pasos para descargar e instalar JDK desde la web oficial de Oracle y alternativas como OpenJDK.
  - Configuración de las variables de entorno en Windows, macOS y Linux para asegurar que `java` y `javac` estén disponibles en la terminal.

- Configuración de IntelliJ IDEA
  :

  - Descarga e instalación de IntelliJ IDEA (Community Edition o Ultimate).
  - Instalación del plugin de

    Compose Multiplatform
    :

    - Cómo acceder a los plugins desde IntelliJ y buscar el soporte para **Compose**.

- ○ Ajustes recomendados de IntelliJ para un mejor rendimiento y experiencia de desarrollo.
- Verificación del Entorno

    :

    - ○ Creación de un proyecto de prueba para verificar que todo esté configurado correctamente.
    - ○ Resolución de problemas comunes durante la instalación y configuración inicial.

2.2 Entendiendo la Estructura de un Proyecto de Compose

- Anatomía de un Proyecto Gradle

    :

    - ○ Explicación de los archivos principales: `settings.gradle.kts`, `build.gradle.kts`, y su rol en la configuración del proyecto.
    - ○ Directorios de `src/main/kotlin` y `src/main/resources`: ¿dónde va el código y los recursos?
    - ○ Explicación de las configuraciones más importantes en

        `build.gradle.kts`

        :

```
kotlinCopiar códigoplugins {
    kotlin("jvm") version "1.9.0"
    id("org.jetbrains.compose") version
"1.5.0"
}
```

- o Cómo añadir dependencias y mantener las versiones actualizadas.

- Primer Ejemplo: Proyecto Básico desde IntelliJ
  :

  - o Crear un proyecto básico utilizando el asistente de IntelliJ.

  - o Explicación del código generado por defecto y qué hace cada parte.

2.3 Primeros Pasos con Kotlin

- Conceptos Básicos del Lenguaje
  :

  - o Variables (val y var), tipos de datos básicos (Int, String, Boolean).

  - o Funciones y cómo definirlas en Kotlin:

    ```
    kotlinCopiar códigofun saludar(nombre:
    String): String {
        return "¡Hola, $nombre!"
    }
    ```

    - Ejemplo práctico: Crear una función que sume dos números y devuelva el resultado.

  - o Estructuras de control: if, when, for, while.

- Ejercicio práctico: Crear un menú simple con `when` para practicar estructuras de control.
- Funciones Lambda y Expresiones

    :

    - Qué es una lambda y cómo se utiliza en Kotlin.
    - Ejemplos simples de lambdas:

      ```
      kotlinCopiar códigoval saludo = { nombre:
      String -> "¡Hola, $nombre!" }
      println(saludo("Kotlin"))
      ```

- Colecciones en Kotlin

    :

    - Listas, mapas y conjuntos.
    - Uso de funciones de alto nivel como `map`, `filter`, y `reduce`.
    - Ejercicio práctico: Crear una lista de nombres y filtrar aquellos que empiecen con una letra específica.

2.4 Introducción a `@Composable` y la Programación Reactiva

- ¿Qué es `@Composable`?

    :

    - Explicación de qué son las funciones `@Composable` y cómo permiten definir componentes de UI de forma declarativa.
    - Ejemplo básico de una función

```
@Composable
```

:

```
kotlinCopiar código@Composable
fun MensajeBienvenida() {
    Text("Bienvenido a tu primera app con
Compose")
}
```

- La Programación Reactiva en Compose

  :

  - Qué significa que la UI sea reactiva.

  - Cómo Compose gestiona los estados y actualiza la interfaz cuando los datos cambian.

  - Ejemplo práctico: Crear una interfaz que muestre un contador que se actualiza al hacer clic en un botón.

- Uso de `remember` y `mutableStateOf`

  :

  - Cómo manejar el estado dentro de una función

    ```
    @Composable
    ```

    con

    ```
    remember
    ```

    :

```kotlin
Copiar código
val contador = remember { mutableStateOf(0)
}
```

- Ejemplo completo: Un botón que incrementa el contador al hacer clic.

2.5 Ejercicio Práctico: Creando un Contador Interactivo

- Descripción del Ejercicio

  :

  - El lector creará una aplicación que muestre un contador, con dos botones: uno para incrementar y otro para resetear el contador.

- Instrucciones Paso a Paso

  :

  - Crear la estructura de la ventana con `Window`.

  - Definir la función `@Composable` para el contador.

  - Implementar los botones y manejar el estado del contador.

  - Código completo del ejercicio:

```
kotlinCopiar código@Composable
fun ContadorApp() {
    val contador = remember {
mutableStateOf(0) }
    Column(Modifier.fillMaxSize(),
Arrangement.Center) {
        Button(onClick = { contador.value++
}) {
            Text("Incrementar")
        }
        Text("Contador: ${contador.value}")
        Button(onClick = { contador.value =
0 }) {
            Text("Resetear")
        }
    }
}
```

- Ejecutando y Probando la Aplicación

  :

  - Cómo ejecutar la aplicación y verificar que los botones funcionen correctamente.

  - Sugerencias para mejorar el ejercicio: agregar un límite al contador, cambiar colores, etc.

Características del Capítulo 2:

- **Enfoque Didáctico**: Cada sección está diseñada para explicar los conceptos fundamentales de forma clara, con ejemplos y ejercicios que facilitan la comprensión.

- **Práctica y Teoría Combinadas**: Se introducen conceptos de Kotlin junto con ejemplos de `@Composable`, lo que permite que el lector aplique lo aprendido inmediatamente.

- **Ejercicios Prácticos**: El lector puede poner en práctica los conocimientos con un ejercicio guiado, lo que refuerza el aprendizaje y facilita la retención de la información.

Este capítulo se centra en establecer una base sólida de **Kotlin** y en familiarizar al lector con las herramientas necesarias para trabajar con **Compose Multiplatform**. Así, al final del capítulo, el lector estará listo para comenzar a crear interfaces más complejas y a entender cómo funciona la reactividad en **Compose**.

Capítulo 3: Diseño de Interfaces con Compose

3.1 Introducción a los Layouts en Compose

- El Enfoque de los Layouts en Compose

  :

  - Diferencia entre los layouts tradicionales y el enfoque de Compose.

  - Cómo Compose permite una composición más natural usando funciones `@Composable`.

- Estructura de los Componentes UI

  :

- Componentes básicos: Text, Button, Image.
- Introducción a los contenedores de layout: Row, Column, Box.
- Ejemplo básico con

  Column

  y

  Row

  :

```kotlin
kotlinCopiar código@Composable
fun EjemploColumnRow() {
    Column {
        Text("Texto en una columna")
        Row {
            Text("Texto en una fila")
            Button(onClick = { /* Acción */
}) {
                Text("Botón en fila")
            }
        }
    }
}
```

- Modificadores (Modifier)

  :

  - Uso de Modifier para personalizar el tamaño, el padding y la alineación de los componentes.

- Ejemplos de uso de `Modifier.fillMaxWidth()`, `padding()`, y `align()`.

3.2 Layouts Básicos y Avanzados

- Column y Row

  :

  - Cómo organizar elementos verticalmente con `Column` y horizontalmente con `Row`.
  - Propiedades importantes como `horizontalArrangement` y `verticalAlignment`.
  - Ejercicio práctico: Crear una pantalla de inicio con un título centrado y un par de botones.

- Box: Superposición de Componentes

  :

  - Uso de `Box` para superponer elementos.
  - Ejemplo práctico: Mostrar una imagen con un texto superpuesto.

- Scaffold: Estructura Común de Pantalla

  :

  - Introducción al `Scaffold`, que ayuda a crear pantallas con `AppBar`, `BottomBar`, y más.
  - Ejemplo de un

    ```
    Scaffold
    ```

    básico con un

```
TopAppBar
```

:

```
kotlinCopiar código@Composable
fun PantallaConScaffold() {
    Scaffold(
        topBar = {
            TopAppBar(title = { Text("Mi
Aplicación") })
        },
        content = {
            Text("Contenido principal")
        }
    )
}
```

3.3 Modificadores: Personalizando la Apariencia

- Modificadores Comunes

  :

  - Uso de `Modifier.size()`, `Modifier.padding()`,
    `Modifier.background()`.

  - Ejemplos prácticos para cambiar el tamaño de
    botones y añadir padding a los textos.

- Alineación y Distribución de Espacios

  :

  - Cómo alinear elementos dentro de un `Row` o `Column`
    usando `Arrangement` y `Alignment`.

- o Ejercicio práctico: Crear un menú de navegación con iconos alineados.
- Combinar Modificadores

  :

    - o Uso de múltiples modificadores en un mismo componente.

    - o Ejemplo práctico: Crear un botón con fondo personalizado y bordes redondeados.

3.4 Diseño Responsivo: Adaptando la UI a Diferentes Pantallas

- Introducción al Diseño Responsivo

  :

    - o Concepto de diseño adaptativo y cómo manejarlo en Compose.

    - o Explicación de `WindowSizeClass` y detección de tamaños de pantalla.

- Uso de `BoxWithConstraints`

  :

    - o Cómo adaptar la disposición de la UI según el tamaño de la pantalla.

    - o Ejemplo de un diseño que cambia de

      ```
      Column
      ```

      a

Row

dependiendo del ancho de la pantalla:

```kotlin
kotlinCopiar código@Composable
fun DiseñoAdaptativo() {
    BoxWithConstraints {
        if (maxWidth < 600.dp) {
            Column {
                // Contenido para pantallas
pequeñas
            }
        } else {
            Row {
                // Contenido para pantallas
grandes
            }
        }
    }
}
```

- Práctica de Diseño Adaptativo

  :

  - Crear una pantalla que cambie de diseño entre un móvil y un tablet.

  - Sugerencias para diseñar componentes que se vean bien en diferentes dispositivos.

3.5 Ejercicio Práctico: Crear un Dashboard de Usuario

- Descripción del Ejercicio

  :

  - El lector creará un dashboard sencillo que muestre información básica del usuario (nombre, foto, estadísticas).

- Estructura de la Interfaz

  :

  - Usar `Column` para el contenido principal y `Row` para mostrar estadísticas.

  - Ejemplo de la estructura del código:

    ```kotlin
    kotlinCopiar código@Composable
    fun DashboardUsuario() {
        Column(modifier =
    Modifier.padding(16.dp)) {
            Text("Bienvenido, Usuario")

    Image(painterResource("path/to/image.png"),
    contentDescription = null)
            Row(horizontalArrangement =
    Arrangement.SpaceBetween) {
                Text("Publicaciones: 10")
                Text("Seguidores: 150")
            }
        }
    }
    ```

- Estilizando el Dashboard

:

- o Uso de Modifier para dar estilo a los elementos.
- o Sugerencias para mejorar la apariencia del dashboard: añadir colores, cambiar fuentes, etc.
- Ejecutando y Verificando la Aplicación

:

- o Cómo probar la aplicación y verificar que los elementos se vean correctamente.
- o Sugerencias de mejoras y optimizaciones.

Características del Capítulo 3:

- **Enfoque Práctico y Detallado**: Cada sección está diseñada para que el lector comprenda cómo diseñar interfaces de usuario de forma efectiva con Compose, usando ejemplos claros y directos.

- **Ejercicio Guiado**: El dashboard de usuario permite aplicar todos los conceptos aprendidos en el capítulo, desde los layouts hasta el uso de Modifier.

- **Diseño Adaptativo**: Se aborda la importancia de que las aplicaciones se adapten a diferentes tamaños de pantalla, lo cual es esencial para crear una experiencia de usuario consistente.

Capítulo 4: Navegación y Gestión de Estados

4.1 Introducción a la Navegación en Compose

- ¿Por qué es importante la navegación?
  :

  - Explicación sobre cómo la navegación permite al usuario moverse entre diferentes pantallas y secciones de una aplicación.

  - Ejemplos de casos de uso: navegación entre pantallas de inicio, perfil y ajustes.

- Fundamentos de la Navegación en Compose
  :

  - Introducción a las bibliotecas más comunes para manejar la navegación en Compose Multiplatform, como **Accompanist Navigation**.

  - Ejemplo básico de una navegación con una pantalla de bienvenida y una pantalla principal.

  - Código de ejemplo:

```kotlin
kotlinCopiar código@Composable
fun NavegacionApp() {
    val navController =
remberNavController()
    NavHost(navController, startDestination
= "bienvenida") {
        composable("bienvenida") {
PantallaBienvenida(navController) }
        composable("principal") {
PantallaPrincipal() }
    }
}
```

4.2 Navegación Avanzada

- Paso de Parámetros entre Pantallas

  :

  - Cómo enviar y recibir datos entre pantallas usando
    NavArguments.

  - Ejemplo de navegación donde se pasa el ID de un
    usuario a una pantalla de detalles:

    ```kotlin
    kotlinCopiar
    códigocomposable("detalleUsuario/{userId}")
    { backStackEntry ->
        val userId =
    backStackEntry.arguments?.getString("userId
    ")
        PantallaDetalleUsuario(userId)
    }
    ```

- Navegación con Deep Links

:

- Uso de enlaces profundos para abrir una pantalla específica de la aplicación desde un enlace externo.
- Ejemplo práctico: cómo configurar un enlace que abra directamente la pantalla de un producto.

- Manejo de la Pila de Navegación

:

- Explicación sobre cómo funciona la pila de navegación y cómo manejar acciones como volver a la pantalla anterior o limpiar el historial.
- Ejemplo de un botón de regreso que cierra la pantalla actual y vuelve a la anterior.

4.3 Gestión de Estados en Compose

- ¿Qué es el Estado y por qué es importante?

:

- Explicación de la importancia de la gestión de estados para crear aplicaciones interactivas y reactivas.
- Diferencia entre **estado local** y **estado compartido**.

- Uso de `remember` y `mutableStateOf` para Manejar el Estado

:

- Cómo usar `remember` para recordar el estado a lo largo de las recomposiciones.
- Ejemplo básico de un contador con

```
remember
```

:

```kotlin
kotlinCopiar código@Composable
fun Contador() {
    val contador = remember {
mutableStateOf(0) }
        Button(onClick = { contador.value++ })
{
        Text("Contador: ${contador.value}")
        }
}
```

- Estados Derivados y `derivedStateOf`

  :

  - Uso de `derivedStateOf` para calcular valores derivados de otros estados.

  - Ejemplo práctico: calcular el total de una lista de productos en un carrito de compras.

- Buenas Prácticas para la Gestión de Estados

  :

  - Separar el estado de la lógica de negocio para una mejor organización.

  - Uso de `State` y `ViewModel` para manejar el estado en aplicaciones más complejas.

4.4 `ViewModel` y Arquitectura MVVM

- Introducción a MVVM (Model-View-ViewModel)

  :

- Explicación de la arquitectura **MVVM** y cómo Compose se adapta a este patrón.
- Cómo usar `ViewModel` para manejar el estado de la UI y separar la lógica de negocio.

- Integración de `ViewModel` en Compose

:

- Configuración y uso de `ViewModel` en un entorno multiplataforma.
- Ejemplo de un

`ViewModel`

simple para manejar el estado de una pantalla:

```kotlin
kotlinCopiar códigoclass ContadorViewModel
: ViewModel() {
    var contador by mutableStateOf(0)
        private set

    fun incrementar() {
        contador++
    }
}

@Composable
fun PantallaContador(viewModel:
ContadorViewModel = viewModel()) {
    Button(onClick = {
viewModel.incrementar() }) {
        Text("Contador:
${viewModel.contador}")
```

```
        }
    }
```

- Manejo de Ciclo de Vida con `ViewModel`

    :

    - Cómo el `ViewModel` ayuda a manejar el ciclo de vida de las pantallas, especialmente al rotar la pantalla o cambiar de actividad.
    - Ejemplo práctico: mantener el estado de un formulario de usuario al cambiar la orientación de la pantalla.

4.5 Ejercicio Práctico: Creando una App de Tareas con Navegación

- Descripción del Ejercicio

    :

    - El lector creará una aplicación sencilla de tareas con una lista de tareas y una pantalla para añadir nuevas tareas.

- Estructura del Proyecto

    :

    - Configurar la navegación entre la lista de tareas y la pantalla de añadir tarea.
    - Usar un `ViewModel` para almacenar la lista de tareas.

- Código de Ejemplo para la Navegación

    :

    ```kotlin
    kotlinCopiar código@Composable
    ```

```
fun ListaTareas(navController: NavController,
viewModel: TareasViewModel) {
    Column {
        Button(onClick = {
navController.navigate("nuevaTarea") }) {
            Text("Añadir Tarea")
        }
        // Mostrar la lista de tareas desde el
ViewModel
        viewModel.tareas.forEach { tarea ->
            Text(tarea)
        }
    }
}

@Composable
fun PantallaNuevaTarea(viewModel:
TareasViewModel) {
    var textoTarea by remember {
mutableStateOf("") }
    Column {
        TextField(value = textoTarea,
onValueChange = { textoTarea = it })
        Button(onClick = {
viewModel.agregarTarea(textoTarea) }) {
            Text("Guardar Tarea")
        }
    }
}
```

- Verificación del Ejercicio

  :

- Ejecutar la aplicación para asegurarse de que la lista de tareas se actualiza correctamente al añadir una nueva.

- Sugerencias para mejorar el ejercicio: añadir validaciones, persistencia local de tareas, etc.

Características del Capítulo 4:

- **Enfoque Práctico y Aplicado**: Cada sección proporciona ejemplos reales y explicaciones claras para que el lector entienda cómo manejar la navegación y el estado en Compose.

- **Uso de `ViewModel`**: Enseña una de las mejores prácticas para mantener la lógica separada de la interfaz y manejar la persistencia del estado en diferentes escenarios.

- **Ejercicio Guiado**: La creación de una app de tareas con navegación y gestión de estado permite al lector aplicar todos los conceptos aprendidos de manera integrada, creando una experiencia más cercana a un proyecto real.

Capítulo 5: Acceso a APIs y Funcionalidades Nativas

5.1 Conexión a APIs REST y GraphQL

- Introducción a APIs REST y GraphQL

  :

  - ¿Qué es una API y cómo se comunican las aplicaciones con servicios externos?
  - Diferencia entre REST y GraphQL: ventajas y desventajas de cada enfoque.

- Integración de una API REST en Compose

  :

  - Uso de **Ktor Client** para realizar solicitudes HTTP desde Kotlin.
  - Ejemplo de una solicitud GET para obtener una lista de usuarios:

    ```kotlin
    kotlinCopiar códigoimport io.ktor.client.*
    import io.ktor.client.request.*

    val client = HttpClient()
    suspend fun obtenerUsuarios():
    List<Usuario> {
        return
    client.get("https://api.ejemplo.com/usuario
    s")
    }
    ```

- Deserialización de la respuesta JSON usando **Kotlinx Serialization**.
- Manejo de Errores y Retornos de Llamadas
  :
  - Cómo manejar excepciones comunes al hacer llamadas a APIs, como `IOException` y `HttpException`.
  - Ejemplo de uso de `try-catch` para manejar errores en solicitudes de red.
- Autenticación y Tokens
  :
  - Cómo enviar tokens de autenticación en los encabezados de las solicitudes.
  - Ejemplo de autenticación usando `Bearer Token`.

5.2 Almacenamiento Local y Persistencia de Datos

- Almacenamiento de Preferencias
  :
  - Uso de `Preferences` y `DataStore` para almacenar configuraciones y datos sencillos de usuario.
  - Ejemplo de guardar y leer el tema de la aplicación (oscuro/claro):

```
kotlinCopiar códigoval preferencias =
PreferenceManager.getDefaultSharedPreferenc
es(context)
val esTemaOscuro =
preferencias.getBoolean("tema_oscuro",
false)
```

- Uso de Bases de Datos Locales con SQLDelight
  :

    o Introducción a **SQLDelight** para manejar bases de datos SQL en proyectos multiplataforma.

    o Ejemplo de configuración de SQLDelight y creación de una tabla de tareas.

- Persistencia de Objetos con Kotlinx Serialization
  :

    o Guardar y leer objetos complejos en archivos JSON.

    o Ejemplo práctico: guardar una lista de usuarios en un archivo JSON.

5.3 Integración con Funcionalidades Nativas

- Acceso a Funcionalidades de la Plataforma
  :

    o Explicación de cómo acceder a APIs específicas de cada plataforma (como sensores, cámara, o almacenamiento externo).

    o Uso de `expect/actual` para implementar funcionalidades específicas de cada sistema operativo.

- Ejemplo Práctico: Acceder a la Cámara

:

- Cómo implementar la funcionalidad para abrir la cámara en Android y acceder a la webcam en la versión de escritorio.

- Código de ejemplo usando

  `expect/actual`

  :

```kotlin
kotlinCopiar código// Definición común
expect fun abrirCamara()

// Implementación para Android
actual fun abrirCamara() {
    // Código para acceder a la cámara en
Android
}

// Implementación para Desktop
actual fun abrirCamara() {
    // Código para acceder a la webcam en
escritorio
}
```

- Acceso a Archivos y Almacenamiento Externo

  :

  - Leer y escribir archivos en el sistema de archivos de cada plataforma.
  - Ejemplo de cómo guardar una imagen descargada de una API.

5.4 Notificaciones y Alertas Nativas

- Introducción a las Notificaciones Locales

  :

  - Importancia de las notificaciones para mantener al usuario informado.
  - Diferencia entre notificaciones push y notificaciones locales.

- Implementación de Notificaciones en Android y Desktop

  :

  - Ejemplo de crear una notificación simple en Android:

```kotlin
kotlinCopiar códigoval builder =
NotificationCompat.Builder(context,
"mi_canal")

.setSmallIcon(R.drawable.ic_notificacion)
    .setContentTitle("Notificación de
Compose")
    .setContentText("Este es un mensaje de
prueba")

.setPriority(NotificationCompat.PRIORITY_DE
FAULT)
```

  - Cómo mostrar un cuadro de diálogo en la versión de escritorio para notificar al usuario.

- Uso de Librerías de Terceros para Notificaciones

  :

- Revisión de librerías que facilitan la implementación de notificaciones en proyectos multiplataforma.

5.5 Ejercicio Práctico: Creando un Cliente de API con Persistencia Local

- Descripción del Ejercicio
  :

  - El lector creará un cliente para una API REST que muestra una lista de elementos y permite guardar los datos localmente para acceso sin conexión.

- Estructura del Proyecto
  :

  - Uso de **Ktor Client** para consumir una API pública.
  - Almacenar los resultados en una base de datos local usando SQLDelight.
  - Implementar una UI que muestre los datos de la API y los datos locales.

- Código de Ejemplo para Conectar la API
  :

```
kotlinCopiar código@Composable
fun ListaUsuarios(viewModel: UsuariosViewModel)
{
    val usuarios = viewModel.obtenerUsuarios()
    LazyColumn {
        items(usuarios) { usuario ->
            Text(usuario.nombre)
        }
    }
}
```

- Verificación del Ejercicio

  :

  - Ejecución de la aplicación para comprobar que los datos se muestran correctamente y se guardan localmente.

  - Sugerencias de mejoras: añadir autenticación, paginación de resultados, etc.

Características del Capítulo 5:

- **Profundidad y Práctica**: Cada sección está diseñada para que el lector aprenda no solo los conceptos, sino cómo aplicarlos en escenarios reales.

- **Uso de Librerías Populares**: Introduce herramientas clave como **Ktor Client** y **SQLDelight**, que son ampliamente usadas en proyectos multiplataforma.

- **Enfoque Multiplataforma Real**: Muestra cómo implementar funcionalidades específicas para cada plataforma usando `expect/actual`, lo que es esencial para aprovechar al máximo las capacidades de Compose Multiplatform.

- **Ejercicio Integrado**: El ejercicio práctico ayuda a consolidar lo aprendido, permitiendo al lector crear un cliente de API funcional con persistencia de datos.

Capítulo 6: Empaquetado y Distribución de la Aplicación

6.1 Introducción al Empaquetado de Aplicaciones

- ¿Por qué es importante el empaquetado?
  :
  - Explicación sobre la necesidad de empaquetar aplicaciones para diferentes plataformas para que los usuarios puedan instalarlas fácilmente.
  - Breve mención de las diferentes opciones de distribución: `.exe` para Windows, `.dmg` para macOS, `.deb` para Linux, y APKs para Android.

- Herramientas para Empaquetado
  :

- Descripción de herramientas clave como `jpackage`, **Gradle**, y los plugins específicos de **Compose Multiplatform**.

- Ventajas de usar Gradle para automatizar tareas de empaquetado y distribución.

6.2 Empaquetado de Aplicaciones de Escritorio con `jpackage`

- Instalación y Uso de `jpackage`

  :

  - Requisitos para usar `jpackage` (JDK 14+).

  - Ejemplo de uso básico para crear un

    ```
    .exe
    ```

    para Windows:

    ```bash
    Copiar código
    jpackage --input path/to/jar --name
    MiAplicacion --main-jar app.jar --main-
    class MainKt --type exe
    ```

  - Ejemplo de uso para crear un instalador `.dmg` para macOS.

- Configuración de `jpackage` en `build.gradle.kts`

  :

- Cómo automatizar el proceso de empaquetado utilizando scripts de Gradle.
- Ejemplo de configuración para Windows y macOS:

```kotlin
kotlinCopiar códigotasks.register<Exec>
("jpackage") {
    commandLine = listOf(
        "jpackage",
        "--input", "build/libs",
        "--name", "MiAplicacion",
        "--main-jar", "miaplicacion.jar",
        "--main-class", "MainKt",
        "--type", "exe"
    )
}
```

6.3 Empaquetado con Compose Plugin para Gradle

- Uso del Plugin de Compose para Empaquetado

    :

    - Introducción a las opciones del plugin de Compose para empaquetar aplicaciones de escritorio.
    - Configuración básica del plugin en

    ```
    build.gradle.kts
    ```

    :

```
kotlinCopiar códigocompose.desktop {
    application {
        mainClass = "MainKt"
        nativeDistributions {
            targetFormats(TargetFormat.Exe,
TargetFormat.Dmg, TargetFormat.Deb)
            packageName = "MiAplicacion"
            packageVersion = "1.0.0"
        }
    }
}
```

o Ejecución de las tareas de empaquetado:

```
bash
```

```
Copiar código
./gradlew package
```

- Configuraciones Avanzadas

:

  o Cómo añadir un ícono personalizado a la aplicación.

  o Configuración de permisos y firmas de seguridad para aplicaciones distribuidas.

6.4 Publicación en Tiendas de Aplicaciones

- Publicación en la Play Store (Android)

:

  o Requisitos para distribuir una aplicación Android: crear un archivo .aab o .apk .

- Ejemplo de configuración de

  `build.gradle.kts`

  para crear un

  `.aab`

  :

  ```kotlin
  kotlinCopiar códigoandroid {
      buildTypes {
          release {
              signingConfig =
  signingConfigs.release
          }
      }
  }
  ```

  - Proceso de subida a la **Google Play Console** y configuración básica de la ficha de aplicación.
- Publicación en App Store (iOS)

  :

  - Consideraciones para aplicaciones multiplataforma que desean incluir soporte para iOS.
  - Requisitos para usar `Xcode` y subir la aplicación a la App Store.
- Publicación en Distribuciones de Linux

  :

- Empaquetado como `.deb` y `.rpm` para distribuciones como Ubuntu y Fedora.
- Uso de herramientas como `snap` para facilitar la distribución de aplicaciones en Linux.

6.5 Mejorando la Seguridad y la Experiencia de Usuario

- Firma de Aplicaciones
  :
  - Importancia de la firma de aplicaciones para garantizar la autenticidad.
  - Cómo generar un certificado de firma y firmar la aplicación en Windows y macOS.
- Gestión de Actualizaciones Automáticas
  :
  - Uso de bibliotecas y scripts para gestionar actualizaciones automáticas de las aplicaciones.
  - Ejemplo de configuración para notificar al usuario sobre nuevas versiones.
- Mejores Prácticas de Distribución
  :
  - Consejos para optimizar el tamaño de la aplicación.
  - Cómo incluir documentación y tutoriales dentro de la aplicación para mejorar la experiencia de usuario.

6.6 Ejercicio Práctico: Creando un Instalador para una Aplicación de Tareas

- Descripción del Ejercicio
  :
  - El lector empaquetará la aplicación de tareas creada en capítulos anteriores y generará un instalador para Windows y macOS.
- Pasos para Configurar y Ejecutar `jpackage`
  :
  - Configurar los scripts de Gradle para empaquetar la aplicación.
  - Personalizar el nombre, ícono y otros detalles del instalador.
- Verificación del Ejercicio
  :
  - Probar el instalador en diferentes sistemas operativos para asegurarse de que la aplicación funcione correctamente.
  - Sugerencias para añadir un proceso de actualización y mejorar el instalador.

Características del Capítulo 6:

- **Enfoque Práctico y Directo**: Cada sección está diseñada para que el lector entienda cómo transformar su código en un producto listo para ser distribuido.

- **Cobertura de Múltiples Plataformas**: Explica cómo empaquetar la aplicación para cada plataforma y las consideraciones específicas de cada una.

- **Ejercicio Aplicado**: El ejercicio práctico ayuda al lector a consolidar los conocimientos sobre el empaquetado, generando un instalador funcional para su propia aplicación.

Capítulo 7: Optimización y Mejora de Rendimiento

7.1 La Importancia del Rendimiento en Aplicaciones Multiplataforma

- ¿Por qué es crucial optimizar el rendimiento?

  :

  - Explicación de cómo una experiencia fluida mejora la satisfacción del usuario.

  - Impacto del rendimiento en la retención de usuarios y la percepción de calidad.

- Diferencias de rendimiento entre plataformas

  :

- Consideraciones específicas para cada sistema operativo (Windows, macOS, Linux, Android).
- Ejemplos de optimizaciones necesarias para cada plataforma.

7.2 Estrategias para Optimizar la UI

- Evitar la Recomposición Innecesaria

  :

  - Cómo identificar y evitar recomposiciones innecesarias en `@Composable`.
  - Uso de `remember` y `derivedStateOf` para controlar cuándo se recomponen las funciones.
  - Ejemplo práctico: minimizar la recomposición en una lista de tareas.
- LazyColumn y LazyRow: Rendimiento con Listas Grandes

  :

  - Diferencia entre `Column` y `LazyColumn`.
  - Cómo utilizar `LazyColumn` para manejar listas grandes de forma eficiente.
  - Ejemplo de uso de `LazyColumn` para una lista de usuarios cargada desde una API.
- Animaciones Optimizadas

  :

  - Consejos para usar animaciones sin afectar el rendimiento.

- Uso de `animate*` y `updateTransition` para transiciones suaves.
- Ejemplo práctico: crear una animación de expansión para un panel de información.

7.3 Reducción del Consumo de Memoria

- Identificación de Problemas de Memoria

  :

  - Uso de herramientas de profiling en Android Studio y IntelliJ para detectar fugas de memoria.
  - Cómo interpretar los gráficos de consumo de memoria y detectar cuellos de botella.

- Optimización de la Gestión de Imágenes

  :

  - Uso de `Image` y `painterResource` de manera eficiente para evitar consumir demasiada memoria.
  - Ejemplo de carga de imágenes con

    Coil

    en Android para una mejor gestión del cache:

    ```kotlin
    kotlinCopiar códigoval imagePainter =
    rememberImagePainter("https://example.com/i
    mage.jpg")
    Image(painter = imagePainter,
    contentDescription = "Ejemplo de imagen")
    ```

- Uso Eficiente de Colecciones y Objetos

  :

- Consejos para optimizar la creación y el uso de listas, mapas y otros objetos.
- Ejemplo de uso de `List` inmutable para listas de elementos estáticos.

7.4 Optimización de Tiempos de Carga

- Optimización de la Pantalla de Carga

  :

  - Importancia de mostrar una pantalla de carga atractiva mientras se inicializan datos.
  - Ejemplo de creación de una pantalla de carga simple con una animación.

- Lazy Initialization

  :

  - Uso de `lazy` para inicializar variables solo cuando son necesarias.
  - Ejemplo práctico: cargar los datos de la API solo cuando el usuario entra en la pantalla correspondiente.

- Uso de Coroutines y `Flow` para Cargas Asíncronas

  :

  - Cómo usar **Kotlin Coroutines** y `Flow` para realizar tareas en segundo plano.
  - Ejemplo de cargar datos en segundo plano con

    ```
    viewModelScope
    ```

:

```kotlin
kotlinCopiar códigoviewModelScope.launch {
    val datos = obtenerDatos()
    _estado.value = datos
}
```

7.5 Análisis de Rendimiento y Profiling

- Uso de Android Studio Profiler

  :

  - Cómo usar las herramientas de **Android Studio** para analizar el rendimiento en aplicaciones Android.
  - Interpretación de los gráficos de CPU, memoria y red.

- Profiling de Aplicaciones de Escritorio

  :

  - Herramientas recomendadas para analizar el rendimiento de aplicaciones de escritorio en Windows, macOS y Linux.
  - Ejemplos de cómo identificar funciones que consumen demasiados recursos.

- Uso de `trace()` para Depurar la UI

  :

  - Cómo utilizar la función `trace()` de Compose para rastrear la recomposición de `@Composable`.
  - Ejemplo práctico: detectar problemas de rendimiento en una lista que se recarga constantemente.

7.6 Ejercicio Práctico: Mejorando el Rendimiento de un Dashboard

- Descripción del Ejercicio
  :

  - El lector optimizará el rendimiento de un dashboard que muestra estadísticas de usuarios y actualizaciones en tiempo real.

- Identificación de Problemas de Rendimiento
  :

  - Cómo analizar la aplicación utilizando herramientas de profiling.

  - Identificación de los elementos que causan una carga excesiva en la CPU o la memoria.

- Aplicación de las Mejores Prácticas
  :

  - Reducir recomposiciones usando `remember` y `derivedStateOf`.

  - Mejorar el tiempo de carga de imágenes utilizando **Coil** y cargas asíncronas.

  - Simplificar las animaciones para que sean más suaves y menos exigentes.

- Verificación del Ejercicio
  :

  - Comparar el rendimiento antes y después de la optimización.

- Sugerencias para seguir mejorando: optimización del uso de red y análisis de logs.

Características del Capítulo 7:

- **Enfoque Práctico y Técnico**: Cada sección está orientada a resolver problemas reales de rendimiento, proporcionando al lector herramientas y técnicas para mejorar la eficiencia de sus aplicaciones.

- **Mejora Continua**: Se cubren desde las optimizaciones más básicas hasta técnicas avanzadas de profiling, lo que permite al lector mejorar su aplicación de manera progresiva.

- **Ejercicio Práctico Aplicado**: El ejercicio guiado ayuda a aplicar los conceptos aprendidos directamente en un proyecto, proporcionando una forma tangible de medir las mejoras de rendimiento.

Capítulo 8: Gestión de Actualizaciones y Versiones

8.1 La Importancia de la Gestión de Versiones

- ¿Por qué gestionar versiones es crucial?
  :
  - Explicación de cómo una correcta gestión de versiones facilita la depuración y el mantenimiento de las aplicaciones.

- Conceptos básicos de **versioning**: versión mayor, menor, y de parche (e.g., `1.2.0`).
- Semantic Versioning (SemVer)
:

    - Introducción al uso de **SemVer** y sus beneficios para proyectos multiplataforma.
    - Ejemplo práctico: cuándo incrementar cada número en una versión (`MAJOR.MINOR.PATCH`).

8.2 Automatización del Proceso de Versionado

- Configuración del Versionado en Gradle
:

    - Cómo automatizar el incremento de versiones usando **Gradle**.
    - Configuración de una variable de versión en

        ```
        build.gradle.kts
        ```

        :

        ```kotlin
        Copiar código
        version = "1.0.0"
        ```

    - Uso de plugins de Gradle para manejar versiones de forma automática, como `axion-release`.
- Creación de Tags de Versión en Git

:

- Integración del control de versiones con Git para facilitar el seguimiento de cambios.

- Cómo crear un tag de versión y asociarlo a una release:

```
bashCopiar códigogit tag -a v1.0.0 -m
"Versión inicial"
git push origin v1.0.0
```

8.3 Implementación de Actualizaciones Automáticas

- Opciones de Actualización Automática

  :

  - Comparación entre actualizaciones silenciosas (automáticas sin intervención del usuario) y actualizaciones notificadas (donde el usuario decide cuándo actualizar).

  - Casos de uso para cada tipo de actualización.

- Uso de Bibliotecas para Actualizaciones Automáticas

  :

  - Introducción a librerías como **Sparkle** (para macOS) y otras opciones para actualizaciones automáticas en Windows.

  - Ejemplo de configuración de una actualización automática para aplicaciones de escritorio:

```
kotlinCopiar código// Código de ejemplo
para integrar un verificador de
actualizaciones
val actualizacionDisponible =
verificarActualizacion()
if (actualizacionDisponible) {
    mostrarNotificacion("Nueva versión
disponible. Descárgala ahora.")
}
```

- Manejo de Actualizaciones en Android

  :

  - Uso de la **API de actualizaciones in-app** de Android para notificar al usuario sobre nuevas versiones.
  - Ejemplo práctico: configurar la verificación de actualizaciones automáticas en Android Studio.

8.4 Publicación y Gestión de Versiones en Tiendas de Aplicaciones

- Publicación de Actualizaciones en Google Play Store

  :

  - Proceso de subir una nueva versión de la aplicación a la **Google Play Console**.
  - Configuración de la ficha de la aplicación para que la actualización llegue a todos los usuarios.

- Actualización de Aplicaciones en App Store

  :

  - Cómo configurar una nueva versión para iOS y publicar la actualización desde **App Store Connect**.

- Ejemplo de preparación de notas de lanzamiento para la nueva versión.
- Distribución de Actualizaciones en Linux
  :
    - Uso de `snap` para distribuir actualizaciones en distribuciones de Linux.
    - Ejemplo práctico: configurar un `snapcraft.yaml` para gestionar la publicación de nuevas versiones.

8.5 Mejores Prácticas para Actualizaciones

- Notas de Lanzamiento
  :
    - Importancia de crear notas de lanzamiento claras y concisas.
    - Cómo escribir notas de lanzamiento que expliquen los cambios de una manera que los usuarios comprendan.
- Manejo de la Retrocompatibilidad
  :
    - Estrategias para asegurar que las nuevas versiones no rompan funcionalidades existentes.
    - Ejemplo de manejo de cambios en una base de datos local al actualizar la aplicación.
- Pruebas de Regresión
  :
    - La importancia de realizar pruebas de regresión antes de lanzar una nueva versión.

- Ejemplo de cómo automatizar pruebas con herramientas como **JUnit** y **Espresso** para Android.

8.6 Ejercicio Práctico: Configurando Actualizaciones para una Aplicación de Tareas

- Descripción del Ejercicio
  :
  - El lector configurará la gestión de versiones y un sistema de actualización básica para la aplicación de tareas creada en capítulos anteriores.

- Configurar el Versionado Automático
  :
  - Crear una configuración en Gradle para manejar el número de versión de la aplicación.
  - Ejemplo de cómo incrementar automáticamente el número de versión en cada compilación.

- Implementar un Verificador de Actualizaciones
  :
  - Crear una función que verifique la existencia de una nueva versión en un servidor remoto.
  - Mostrar una notificación al usuario si hay una actualización disponible.

- Verificación del Ejercicio
  :
  - Probar la funcionalidad de actualización y verificar que la aplicación se actualiza correctamente.

- Sugerencias de mejoras: integración de un sistema de notificación de cambios y mejoras de la interfaz.

Características del Capítulo 8:

- **Enfoque Práctico y Específico**: Cada sección ofrece una guía detallada para que el lector entienda cómo gestionar versiones y actualizaciones de manera profesional.

- **Integración con el Ciclo de Desarrollo**: Se explica cómo las versiones se integran con el control de versiones (Git) y las plataformas de distribución.

- **Ejercicio Aplicado**: El ejercicio práctico permite al lector implementar un sistema de actualizaciones y versionado, asegurando que las aplicaciones se mantengan actualizadas y sean fáciles de gestionar.

Capítulo 9: Caso de Estudio: Aplicación de Tareas Multiplataforma

9.1 Introducción al Caso de Estudio

- Descripción del Proyecto
  :
  - El objetivo del proyecto es crear una **aplicación de tareas** que permita a los usuarios gestionar una lista de tareas, sincronizarla con una API y acceder a las tareas tanto en escritorio como en Android.

- Funcionalidades principales: añadir, editar, eliminar y sincronizar tareas, así como gestionar estados de tareas (completado, pendiente).
- Arquitectura de la Aplicación

  :

  - Introducción a la arquitectura que se usará en el proyecto, basada en **MVVM (Model-View-ViewModel)**.
  - Diagrama básico de los componentes del proyecto y su relación: UI, ViewModel, Repositorio, API.

9.2 Diseño de la Interfaz de Usuario

- Definición del Layout Principal

  :

  - Diseño de la pantalla principal que muestra la lista de tareas.
  - Uso de `LazyColumn` para mostrar tareas y `FloatingActionButton` para añadir una nueva.
  - Ejemplo de código de la pantalla principal:

```kotlin
kotlinCopiar código@Composable
fun ListaDeTareas(viewModel:
TareasViewModel) {
    Scaffold(
        floatingActionButton = {
            FloatingActionButton(onClick =
{ viewModel.nuevaTarea() }) {
                Icon(Icons.Default.Add,
contentDescription = "Añadir Tarea")
```

```
                }
            }
        ) {
            LazyColumn {
                items(viewModel.tareas) { tarea
    ->
                    TareaItem(tarea,
    onTareaClick = {
    viewModel.marcarComoCompletada(tarea) })
                }
            }
        }
    }
```

- Pantalla de Detalle y Edición de Tareas

  :

  - Diseño de la pantalla para ver los detalles de una tarea y editarla.

  - Uso de `TextField` y `Button` para gestionar la entrada de datos del usuario.

  - Ejemplo práctico: guardar los cambios en el ViewModel y actualizar la lista.

9.3 Conexión a la API y Sincronización de Datos

- Definición del API Rest

  :

  - Descripción de los endpoints de la API que se utilizarán (por ejemplo, `GET /tareas`, `POST /tareas`, `DELETE /tareas/{id}`).

  - Creación de una clase

Repository

para manejar la comunicación con la API usando

Ktor Client

:

```kotlin
class TareasRepository(private val client:
HttpClient) {
    suspend fun obtenerTareas():
List<Tarea> =
client.get("https://api.ejemplo.com/tareas"
)
    suspend fun crearTarea(tarea: Tarea):
Tarea =
client.post("https://api.ejemplo.com/tareas
") {
        body = tarea
    }
}
```

- Manejo de Estados de Sincronización

:

  - Implementación de una función para sincronizar los datos locales con el servidor.
  - Uso de `Coroutines` para realizar la sincronización en segundo plano.
  - Ejemplo de cómo mostrar un indicador de progreso mientras se sincronizan las tareas.

9.4 Gestión del Estado y Persistencia Local

- Uso de `ViewModel` para Gestionar el Estado
  :
  - Cómo gestionar el estado de la lista de tareas en el ViewModel.
  - Ejemplo de una función para añadir una nueva tarea y actualizar la UI.

- Almacenamiento Local con SQLDelight
  :
  - Configuración de **SQLDelight** para almacenar tareas localmente.
  - Ejemplo de cómo crear y consultar la base de datos:

    ```kotlin
    kotlinCopiar códigoval database =
    SQLDelightDatabase(context)
    val tareasDao = database.tareasQueries
    ```

  - Sincronización de la base de datos local con la API para permitir el acceso sin conexión.

9.5 Empaquetado y Distribución del Proyecto

- Empaquetado de la Aplicación para Android y Escritorio
  :
  - Generación de un `.apk` para Android y un instalador `.exe` para Windows.
  - Configuración de Gradle para empaquetar la aplicación multiplataforma.

- Pruebas en Diferentes Plataformas

  :

  - Pruebas de la aplicación en Android y Windows para asegurar que funciona correctamente.
  - Consejos para depurar problemas específicos de cada plataforma.

- Preparación para la Publicación

  :

  - Configuración de la ficha de aplicación para Google Play y preparación del instalador para distribución directa en Windows.
  - Sugerencias de estrategias de marketing para dar a conocer la aplicación.

9.6 Reflexiones y Mejores Prácticas

- Lecciones Aprendidas

  :

  - Reflexión sobre los desafíos más comunes al desarrollar aplicaciones multiplataforma.
  - Mejores prácticas para optimizar el código y evitar problemas de compatibilidad.

- Consejos para Mejorar el Proyecto

  :

  - Sugerencias para añadir nuevas funcionalidades, como notificaciones o soporte para múltiples usuarios.

- Cómo mantener el proyecto actualizado con nuevas versiones de **Compose** y **Kotlin**.

9.7 Ejercicio Final: Personalización de la Aplicación de Tareas

- Descripción del Ejercicio
  :
  - El lector adaptará la aplicación de tareas para que se ajuste a sus necesidades personales.
  - Posibles mejoras: cambiar la apariencia de la UI, añadir categorías de tareas, o integrar notificaciones.
- Instrucciones y Guía Paso a Paso
  :
  - Crear una rama del proyecto y realizar las modificaciones.
  - Pruebas de la nueva funcionalidad en cada plataforma.
- Evaluación del Ejercicio
  :
  - Indicaciones para evaluar la mejora de la aplicación en términos de usabilidad y rendimiento.
  - Sugerencias para seguir aprendiendo y avanzar en el desarrollo multiplataforma.

Características del Capítulo 9:

- **Integración de Conceptos**: Este capítulo muestra cómo unir todo lo aprendido en los capítulos anteriores para crear un proyecto real, brindando al lector una experiencia práctica completa.

- **Caso de Estudio Aplicado**: La creación de una aplicación de tareas es un ejemplo práctico y útil que permite al lector ver cómo se utilizan diferentes tecnologías de forma integrada.

- **Ejercicio Final para Personalización**: Motiva al lector a hacer suyo el proyecto, personalizándolo según sus necesidades y aplicando los conocimientos adquiridos.

Capítulo 10: Autoexamen y Ejercicios Prácticos

10.1 Preguntas de Revisión

- **Sección 1: Fundamentos de Kotlin y Compose**:
  - ¿Cuál es la diferencia entre `val` y `var` en Kotlin?
  - Explica qué es una función `@Composable` y cómo se utiliza en **Compose Multiplatform**.
  - ¿Cómo funciona `remember` en la gestión de estados de una UI?

- **Sección 2: Diseño de Interfaz y Navegación**:
  - ¿Cuándo es recomendable usar un `LazyColumn` en lugar de un `Column`?

- Describe cómo se realiza el paso de parámetros entre pantallas usando `NavHost` y `composable`.
- ¿Qué es un `Scaffold` y cómo facilita la creación de interfaces en Compose?
- **Sección 3: Acceso a APIs y Persistencia de Datos**:
  - ¿Cómo usarías **Ktor Client** para realizar una solicitud `GET`?
  - Explica la diferencia entre **DataStore** y **SQLDelight** para el almacenamiento de datos en aplicaciones multiplataforma.
  - ¿Qué es `expect/actual` y cuándo se usa en proyectos multiplataforma?
- **Sección 4: Empaquetado y Distribución**:
  - ¿Cuáles son las ventajas de usar `jpackage` para empaquetar una aplicación de escritorio?
  - ¿Qué consideraciones debes tener al publicar una actualización en Google Play Store?
  - Describe el proceso para configurar una actualización automática en una aplicación de escritorio.
- **Sección 5: Optimización y Rendimiento**:
  - ¿Cómo evitar recomposiciones innecesarias en una aplicación de Compose?
  - ¿Por qué es importante el profiling y cómo puede mejorar el rendimiento de una aplicación?
  - ¿Cuándo usarías `derivedStateOf` en la gestión del estado de una UI?

10.2 Desafíos de Código

- **Desafío 1: Crear una Pantalla de Autenticación**:
  - Crea una pantalla de inicio de sesión simple con dos `TextField` (usuario y contraseña) y un `Button` que muestre un mensaje al iniciar sesión.
  - Usa `ViewModel` para manejar el estado de los campos y mostrar un mensaje de error si los campos están vacíos.

- **Desafío 2: Sincronización de Datos con Coroutines**:
  - Crea una función que sincronice una lista de datos con una API remota cada 30 segundos usando `Coroutines` y `Flow`.
  - Muestra una notificación al usuario cuando la sincronización se complete.

- **Desafío 3: Diseñar una Interfaz Responsiva**:
  - Crea una interfaz que muestre una lista de productos en una `LazyColumn` y que cambie a una vista de cuadrícula (`Grid`) cuando la pantalla sea lo suficientemente ancha.
  - Usa `BoxWithConstraints` para detectar el tamaño de la pantalla y cambiar el diseño de forma dinámica.

10.3 Ejercicio Final: Creando una Aplicación Multiplataforma Completa

- Descripción del Ejercicio

  :

  - El lector desarrollará una **aplicación de notas** que permita crear, editar y eliminar notas, con sincronización en la nube y almacenamiento local.
  - La aplicación debe ser capaz de funcionar sin conexión y sincronizar las notas cuando se recupere la conexión.

- Requerimientos del Proyecto

  :

  - Usar **Ktor Client** para interactuar con una API de notas (puede ser una API ficticia o local).
  - Almacenar las notas localmente usando **SQLDelight** para asegurar que los datos estén disponibles sin conexión.
  - Diseñar la interfaz con `LazyColumn` para mostrar la lista de notas y un `FloatingActionButton` para crear una nueva nota.
  - Implementar una pantalla de detalles para editar el contenido de una nota.

- Guía Paso a Paso

  :

  - Configura el proyecto base en IntelliJ IDEA y añade las dependencias necesarias para Ktor y SQLDelight.

- Diseña la UI de la pantalla principal con una lista de notas y un botón para añadir.
- Implementa la funcionalidad de crear, editar y eliminar notas usando un `ViewModel`.
- Configura la sincronización con la API usando **Coroutines**.
- Prueba la aplicación en Android y en escritorio para asegurarte de que la funcionalidad es consistente en ambas plataformas.

- Evaluación del Ejercicio
  :
  - Verifica que las notas se sincronizan correctamente con la API.
  - Asegúrate de que la aplicación pueda acceder a las notas sin conexión y que las actualizaciones se reflejen una vez que se recupere la conexión.
  - Sugerencias para mejorar el proyecto: añadir categorías a las notas, soporte para etiquetas, y una búsqueda integrada.

10.4 Soluciones a los Ejercicios

- Explicación Paso a Paso
  :
  - Sección detallada donde se muestran las soluciones a los desafíos de código, con explicaciones sobre cada paso.
  - Ejemplos de código y análisis de cómo implementar las soluciones de manera eficiente.

- Solución del Ejercicio Final

  :

  - Desglose del código y la estructura del proyecto de la aplicación de notas.
  - Explicación de cómo se gestionan los estados y la sincronización en la aplicación.
  - Consejos para mejorar la eficiencia y la experiencia del usuario en el proyecto final.

10.5 Recursos Adicionales y Próximos Pasos

- Recursos Recomendados para Seguir Aprendiendo

  :

  - Enlaces a la documentación oficial de **Kotlin**, **Compose**, y **Ktor**.
  - Recomendaciones de cursos en línea y tutoriales avanzados.

- Consejos para Avanzar como Desarrollador Multiplataforma

  :

  - La importancia de participar en comunidades de desarrolladores.
  - Cómo mantenerse actualizado con las nuevas versiones de **Compose Multiplatform**.
  - Ejemplos de proyectos desafiantes para seguir mejorando las habilidades adquiridas.

Características del Capítulo 10:

- **Evaluación Completa del Conocimiento**: Las preguntas de revisión y los desafíos permiten a los lectores evaluar su comprensión de los conceptos y mejorar en áreas específicas.

- **Desafíos Prácticos**: Los desafíos de código son aplicables a escenarios reales, lo que refuerza la habilidad de resolver problemas y de aplicar conceptos de manera concreta.

- **Ejercicio Final Integrador**: El ejercicio de la aplicación de notas permite que los lectores integren todo lo aprendido en un proyecto más complejo, consolidando su comprensión y habilidades.

- **Soluciones Detalladas**: Ofrecer las soluciones a los ejercicios proporciona una referencia para los lectores, asegurando que puedan aprender de sus errores y mejorar.

Soluciones a las Preguntas de Revisión

Sección 1: Fundamentos de Kotlin y Compose

1. **¿Cuál es la diferencia entre `val` y `var` en Kotlin?**

   - `val` es una variable de solo lectura (inmutable), lo que significa que su valor no puede ser modificado después de asignarse. Es similar a una constante.

   - `var` es una variable mutable, lo que permite cambiar su valor durante la ejecución del programa.

- Ejemplo:

```
kotlinCopiar códigoval nombre = "Kotlin"
// No puede cambiarse después de esta
asignación.
var edad = 30  // Puede cambiarse a otro
valor, como edad = 31.
```

2. **Explica qué es una función @Composable y cómo se utiliza en Compose Multiplatform.**

   - Una función `@Composable` es una función que define un componente de la interfaz de usuario en Compose. Estas funciones describen cómo debe verse la UI y se encargan de renderizar elementos en la pantalla de manera declarativa.

   - Las funciones `@Composable` permiten la creación de componentes reutilizables y facilitan la actualización de la UI en respuesta a cambios de estado.

   - Ejemplo:

```
kotlinCopiar código@Composable
fun Saludo() {
    Text("¡Hola, Mundo!")
}
```

3. **¿Cómo funciona `remember` en la gestión de estados de una UI?**

   - `remember` se utiliza para almacenar y recordar un valor a lo largo de las recomposiciones de una función `@Composable`.

- Ayuda a mantener el estado interno de un componente sin perderlo cuando la función se vuelve a ejecutar.

- Ejemplo:

```kotlin

Copiar código
val contador = remember { mutableStateOf(0)
}
```

Sección 2: Diseño de Interfaz y Navegación

1. **¿Cuándo es recomendable usar un `LazyColumn` en lugar de un `Column`?**

   - `LazyColumn` es ideal cuando se tienen listas de elementos que pueden ser extensas, ya que solo renderiza los elementos visibles, mejorando el rendimiento.

   - `Column` renderiza todos los elementos de una lista al mismo tiempo, lo cual puede causar problemas de rendimiento si la lista es grande.

   - Ejemplo:

```kotlin
kotlinCopiar códigoLazyColumn {
    items(100) { index ->
        Text("Item #$index")
    }
}
```

2. **Describe cómo se realiza el paso de parámetros entre pantallas usando `NavHost` y `composable`.**

   - Se utiliza el `NavHost` para definir las rutas de la navegación y `composable` para especificar las pantallas.

   - Para pasar parámetros, se pueden utilizar rutas con argumentos:

   ```kotlin
   kotlinCopiar
   códigocomposable("detalleUsuario/{userId}")
   { backStackEntry ->
       val userId =
   backStackEntry.arguments?.getString("userId
   ")
       PantallaDetalleUsuario(userId)
   }
   ```

3. **¿Qué es un `Scaffold` y cómo facilita la creación de interfaces en Compose?**

   - `Scaffold` es un componente de diseño que facilita la creación de estructuras de pantallas comunes, incluyendo `TopAppBar`, `BottomAppBar`, `FloatingActionButton` y `Drawer`.

   - Simplifica la organización de elementos en la UI de una manera consistente y estructurada.

   - Ejemplo:

```
kotlinCopiar códigoScaffold(
    topBar = { TopAppBar(title = { Text("Mi
App") }) },
    content = { Text("Contenido Principal")
    }
)
```

Sección 3: Acceso a APIs y Persistencia de Datos

1. **¿Cómo usarías Ktor Client para realizar una solicitud
   GET ?**

   o Ktor Client

     facilita las solicitudes HTTP desde Kotlin. Para realizar
     una solicitud

     GET

     , se puede usar el siguiente código:

```
kotlinCopiar códigoval client =
HttpClient()
suspend fun obtenerDatos(): List<Datos> {
    return
client.get("https://api.ejemplo.com/datos")
}
```

2. **Explica la diferencia entre DataStore y SQLDelight
   para el almacenamiento de datos en aplicaciones
   multiplataforma.**

- **DataStore** es ideal para almacenar preferencias simples y datos de configuración en forma de claves y valores.

- **SQLDelight** es más adecuado para el almacenamiento estructurado y complejo, ya que permite trabajar con bases de datos SQL, proporcionando consultas y un manejo de datos más robusto.

- DataStore es para configuraciones simples, mientras que SQLDelight se usa para estructuras de datos complejas como tablas y relaciones.

3. **¿Qué es `expect/actual` y cuándo se usa en proyectos multiplataforma?**

- `expect/actual` se usa para definir una funcionalidad común en un módulo compartido y proporcionar implementaciones específicas para cada plataforma (Android, iOS, Desktop).

- `expect` se define en el código compartido, mientras que `actual` proporciona la implementación específica de cada plataforma.

- Ejemplo:

```kotlin
kotlinCopiar código// Módulo compartido
expect fun obtenerPlataforma(): String

// Módulo Android
actual fun obtenerPlataforma() = "Android"

// Módulo Desktop
actual fun obtenerPlataforma() = "Desktop"
```

Sección 4: Empaquetado y Distribución

1. **¿Cuáles son las ventajas de usar `jpackage` para empaquetar una aplicación de escritorio?**

   - `jpackage` permite crear instaladores nativos (`.exe` para Windows, `.dmg` para macOS) que simplifican la instalación para los usuarios finales.

   - Incluye una JRE mínima, lo que significa que los usuarios no necesitan tener Java instalado para ejecutar la aplicación.

   - Facilita la distribución y actualización de aplicaciones de escritorio.

2. **¿Qué consideraciones debes tener al publicar una actualización en Google Play Store?**

   - Incrementar el número de versión en `build.gradle` (`versionCode` y `versionName`).

   - Firmar la aplicación con la misma clave de firma utilizada en versiones anteriores.

   - Probar la actualización para asegurar que funciona sin problemas antes de subirla a la **Google Play Console**.

3. **Describe el proceso para configurar una actualización automática en una aplicación de escritorio.**

   - Se puede implementar un verificador de versiones que consulte un servidor para ver si hay una nueva versión disponible.

   - Si hay una actualización, la aplicación puede descargarla y solicitar al usuario que la instale.

- ○ También se pueden usar bibliotecas de terceros para automatizar el proceso de actualización.

Sección 5: Optimización y Rendimiento

1. **¿Cómo evitar recomposiciones innecesarias en una aplicación de Compose?**
   - ○ Usar `remember` para almacenar valores que no necesitan ser recalculados en cada recomposición.
   - ○ Separar la UI en funciones `@Composable` más pequeñas para que solo las partes que cambian se recomponen.
   - ○ Utilizar `derivedStateOf` para calcular valores que dependen de otros estados.

2. **¿Por qué es importante el profiling y cómo puede mejorar el rendimiento de una aplicación?**
   - ○ El profiling permite identificar problemas de rendimiento, como cuellos de botella, fugas de memoria y uso excesivo de CPU.
   - ○ Ayuda a optimizar la aplicación al encontrar y solucionar las áreas que consumen más recursos.
   - ○ Herramientas como Android Studio Profiler y otras herramientas de profiling para escritorio son esenciales para este análisis.

3. **¿Cuándo usarías `derivedStateOf` en la gestión del estado de una UI?**
   - ○ `derivedStateOf` es útil cuando se necesita calcular un valor que depende de otros estados y solo se quiere recalcular cuando esos estados cambian.

- Mejora el rendimiento al evitar que se recalculen innecesariamente valores derivados en cada recomposición.

Apéndice A: Atajos y Comandos Útiles en IntelliJ IDEA

- **Atajos de Teclado Esenciales**:
  - Navegación de código:
    - `Ctrl + N`: Buscar clases.
    - `Ctrl + Shift + N`: Buscar archivos.
    - `Ctrl + B`: Ir a la definición de una función o variable.
  - Edición de código:
    - `Ctrl + D`: Duplicar una línea de código.
    - `Ctrl + Y`: Eliminar una línea.
    - `Ctrl + Alt + L`: Formatear código.
  - Productividad :
    - `Alt + Enter`: Mostrar sugerencias rápidas de corrección.
    - `Shift + Shift`: Búsqueda universal en IntelliJ.
- **Comandos Útiles de Gradle**:
  - `./gradlew build`: Construye el proyecto.

- `./gradlew run` : Ejecuta la aplicación.
- `./gradlew clean` : Limpia los archivos generados.
- `./gradlew test` : Ejecuta las pruebas.

Apéndice B: Bibliotecas y Recursos Recomendados para Compose Multiplatform

- Bibliotecas para la UI
  :
  - **Accompanist**: Conjunto de extensiones para mejorar la experiencia con Compose, incluyendo navegación y manejo de imágenes.
  - **Coil**: Biblioteca para la carga de imágenes en aplicaciones Android y multiplataforma.
  - **Material Icons**: Colección de íconos para usar en aplicaciones con diseño Material.
- Herramientas de Networking
  :
  - **Ktor Client**: Cliente HTTP para realizar solicitudes de red.
  - **Retrofit**: Alternativa para manejar APIs REST en Kotlin.
- Bases de Datos y Almacenamiento Local
  :
  - **SQLDelight**: Generador de código para bases de datos SQLite multiplataforma.

- ○ **DataStore**: Almacenamiento de preferencias modernas en Android.
- Recursos de Aprendizaje

  :

  - ○ Documentación oficial de **Compose Multiplatform**.
  - ○ Blog de **JetBrains**: Artículos y tutoriales sobre Kotlin y Compose.
  - ○ Cursos gratuitos en plataformas como **Coursera, Udemy**, y **YouTube**.

Apéndice C: Glosario de Términos Técnicos

- `@Composable` : Función que permite definir elementos de la UI de forma declarativa en Compose.
- `remember` : Función que guarda un valor a lo largo de recomposiciones.
- **LazyColumn**: Contenedor que solo renderiza los elementos visibles, ideal para listas largas.
- **ViewModel**: Componente de arquitectura que permite mantener el estado de la UI a través de cambios de configuración.
- **Kotlin Multiplatform**: Tecnología que permite escribir código que se puede compartir entre diferentes plataformas (Android, iOS, Desktop).
- **Coroutines**: Librería para manejar tareas asíncronas en Kotlin de manera eficiente.

Apéndice D: Preguntas Frecuentes y Resolución de Problemas Comunes

- ¿Cómo puedo solucionar problemas de compilación en Compose?
    - Verificar la versión de Kotlin y Compose en `build.gradle.kts` para asegurarse de que sean compatibles.
    - Limpiar el proyecto con `./gradlew clean` y volver a compilar.
- Mi aplicación de Compose se ve diferente en Android y Desktop, ¿por qué?
    - Las diferencias de plataformas pueden afectar el renderizado. Ajustar los tamaños y modificar elementos para mantener la consistencia.
- ¿Cómo puedo actualizar las dependencias de Compose en mi proyecto?
    - Editar el archivo `build.gradle.kts` y cambiar las versiones en la sección de `dependencies`.
    - Utilizar el comando `./gradlew dependencyUpdates` si se tiene el plugin correspondiente para identificar nuevas versiones.
- Error común: `Unresolved reference: androidx.compose`:
    - Asegúrate de que los repositorios de Maven estén configurados correctamente en `build.gradle.kts`.

Apéndice E: Recursos para Continuar Aprendiendo Kotlin y Compose

- Blogs y Sitios Web
  :

  - Blog de JetBrains: Artículos sobre las últimas novedades de Kotlin.
  - KotlinLang.org: Sitio oficial de Kotlin con documentación detallada.

- Libros Recomendados
  :

  - "Kotlin in Action" de Dmitry Jemerov y Svetlana Isakova.
  - "Atomic Kotlin" de Bruce Eckel y Svetlana Isakova.

- Cursos y Tutoriales
  :

  - Cursos gratuitos en **KotlinConf** y **Android Developers** de Google.
  - Tutoriales en **YouTube** sobre **Compose Multiplatform**.

- Comunidades de Desarrolladores
  :

  - **Kotlinlang Slack**: Comunidad activa donde se pueden resolver dudas y compartir proyectos.
  - **Reddit - r/Kotlin**: Foro donde se discuten las últimas novedades y proyectos interesantes.

Características de los Apéndices:

- **Material de Referencia**: Facilita el acceso rápido a información clave, como atajos de teclado y comandos de Gradle.

- **Recursos Adicionales**: Los apéndices proporcionan una lista de recursos para que los lectores puedan seguir aprendiendo y mejorar sus habilidades.

- **Solución de Problemas**: La sección de preguntas frecuentes ayuda a resolver los problemas más comunes que los desarrolladores pueden enfrentar al trabajar con Compose Multiplatform.

Agradecimientos y Reconocimientos

La creación de este libro sobre **Compose Multiplatform** ha sido un viaje de aprendizaje y descubrimiento que no hubiera sido posible sin el apoyo y la colaboración de muchas personas y comunidades.

En primer lugar, quiero agradecer a **mi familia** por su constante apoyo y paciencia. A mis amigos y seres queridos, que siempre me motivaron a seguir adelante y a superar cada desafío que surgió durante la escritura de este libro.

Mi gratitud especial va para **Daedalus**, cuya colaboración ha sido fundamental en cada paso del camino. Su visión y conocimientos técnicos han enriquecido profundamente este proyecto, aportando un enfoque único que ha dado forma a muchos de los conceptos desarrollados en estas páginas.

A la **comunidad de desarrolladores de Kotlin y Compose**, quienes a través de foros, blogs y canales de discusión, comparten de manera generosa sus conocimientos. Sin el apoyo de esta comunidad apasionada, muchas de las soluciones y enfoques descritos en este libro no hubieran sido posibles.

También quiero expresar mi agradecimiento a **JetBrains**, por desarrollar y mantener herramientas como **IntelliJ IDEA** y **Kotlin**, que han sido la base de todo este proyecto. Gracias por crear un entorno que facilita el aprendizaje y el desarrollo, y por la constante innovación que inspira a tantos programadores alrededor del mundo.

Finalmente, este libro está dedicado a todos aquellos que, como yo, se embarcan en la aventura de aprender algo nuevo, que disfrutan del desafío de crear y que buscan llevar sus habilidades un paso más allá. Espero que estas páginas sean una guía útil en su camino y que, al igual que yo, encuentren satisfacción y alegría en cada línea de código.

Postfacio

Al llegar al final de este libro, espero que hayas disfrutado tanto del recorrido como yo lo hice al escribirlo. **Compose Multiplatform** es mucho más que una herramienta para crear aplicaciones multiplataforma: es una puerta de entrada a un universo de posibilidades, donde una única base de código puede convertirse en algo que vive y respira en diferentes dispositivos y sistemas operativos.

Este proyecto nació de la curiosidad y el deseo de explorar un enfoque nuevo para el desarrollo de software. A medida que se avanzaba en cada capítulo, fue evidente que el aprendizaje no solo se trata de dominar una tecnología, sino de abrirse a nuevas formas de pensar, de resolver problemas y de conectar con otros que comparten la misma pasión.

Durante este viaje, descubrí que el verdadero valor de **Compose Multiplatform** radica en su capacidad para unificar el desarrollo, para permitirnos a todos—ya seamos novatos o expertos—trabajar de una manera más ágil y consistente. Pero más allá del código y las líneas de `@Composable`, este libro también busca ser un recordatorio de que, en el corazón de cada proyecto, está el deseo de crear algo significativo, de aprender, y de mejorar cada día.

Mi deseo es que estas páginas se conviertan en una guía a la que puedas volver siempre que lo necesites, ya sea para resolver una duda puntual, para recordar un concepto o simplemente para redescubrir lo apasionante que es crear algo desde cero. Y si, al cerrar este libro, te sientes más seguro en tu camino como desarrollador o encuentras inspiración para tu próximo proyecto, entonces todo este esfuerzo habrá valido la pena.

Ahora, el próximo paso es tuyo. Que la curiosidad siga guiando tus pasos y que cada línea de código que escribas sea una nueva oportunidad de crecimiento y descubrimiento.

¡Hasta la próxima línea de código!

Capítulo Oculto: Trucos de Daedalus

1. Optimización de la UI con SnapshotStateMap

- ¿Qué es SnapshotStateMap y por qué usarlo?

  - Un SnapshotStateMap es una estructura de datos mutable que se puede utilizar para almacenar pares clave-valor de forma reactiva, permitiendo una forma eficiente de gestionar estados complejos en la UI.

  - **Truco de Daedalus**: Usar SnapshotStateMap para caché en tiempo de ejecución, lo que permite reducir la carga en las llamadas de API recurrentes.

  - Ejemplo práctico:

    ```kotlin
    kotlinCopiar códigoval cache = remember {
    mutableStateMapOf<String, Usuario>() }
    if (!cache.containsKey(userId)) {
        cache[userId] = fetchUserData(userId)
    }
    val usuario = cache[userId]
    ```

2. Creación de Animaciones Personalizadas con updateTransition

- Animaciones Avanzadas con updateTransition
  :

  - updateTransition permite crear animaciones complejas controlando múltiples estados a la vez.

- **Truco de Daedalus**: Usar `updateTransition` para sincronizar la animación de varios componentes, como desvanecer un texto y cambiar el tamaño de un contenedor simultáneamente.

- Ejemplo práctico:

```kotlin
kotlinCopiar códigoval transition =
updateTransition(targetState = expanded,
label = "")
val alpha by transition.animateFloat(label
= "") { if (it) 1f else 0f }
val size by transition.animateDp(label =
"") { if (it) 200.dp else 100.dp }

Box(
    modifier = Modifier
        .size(size)
        .alpha(alpha)
) {
    Text("Contenido animado")
}
```

3. Cargas en Segundo Plano y Mejora del Rendimiento con `LaunchedEffect`

- Usando `LaunchedEffect` para Tareas Pesadas:

  - `LaunchedEffect` es ideal para tareas que deben ejecutarse de manera asíncrona cuando un `@Composable` entra en el árbol de composición.

- ○ **Truco de Daedalus**: Utilizar `LaunchedEffect` para pre-cargar datos cuando se espera que el usuario llegue a una pantalla, mejorando la percepción de velocidad de la app.
- ○ Ejemplo práctico:

```kotlin
kotlinCopiar códigoLaunchedEffect(Unit) {
    viewModel.cargarDatosIniciales()
}
```

4. Aprovechando `Crossfade` para Transiciones Suaves de Pantalla

- Uso de `Crossfade` para Mejorar la UX
  :

  - ○ `Crossfade` facilita la transición suave entre dos estados de UI.
  - ○ **Truco de Daedalus**: Usar `Crossfade` para cambiar entre pantallas en lugar de un simple `NavHost`, dando una sensación más profesional y fluida.
  - ○ Ejemplo:

```kotlin
kotlinCopiar códigovar pantallaActual by
remember { mutableStateOf("inicio") }
Crossfade(targetState = pantallaActual) {
pantalla ->
    when (pantalla) {
        "inicio" -> PantallaInicio()
        "detalles" -> PantallaDetalles()
    }
}
```

5. Manipulación Directa de Píxeles con Canvas

- Dibujando con Canvas en Compose
  :

  - El componente Canvas permite dibujar gráficos personalizados directamente en la pantalla.

  - **Truco de Daedalus**: Crear gráficos dinámicos, como barras de progreso personalizadas, dibujando directamente sobre un Canvas.

  - Ejemplo:

```kotlin
kotlinCopiar códigoCanvas(modifier =
Modifier.size(200.dp)) {
    drawCircle(
        color = Color.Green,
        radius = size.minDimension / 2,
        center = center
    )
    drawArc(
        color = Color.Blue,
        startAngle = 0f,
        sweepAngle = 270f,
```

```
            useCenter = false,
            size = size / 2
      )
   }
```

6. Manipulación de Archivos en Proyectos Multiplataforma

- Acceso a Archivos con `expect/actual`

  :

  - Cómo leer y escribir archivos en diferentes plataformas usando `expect/actual`.

  - **Truco de Daedalus**: Crear una clase `FileManager` que permita leer archivos de configuración sin importar la plataforma.

  - Ejemplo de implementación:

```
kotlinCopiar código// Común
expect fun leerArchivo(ruta: String):
String

// Android
actual fun leerArchivo(ruta: String):
String {
    return File(ruta).readText()
}

// Desktop
actual fun leerArchivo(ruta: String):
String {
    return
File(ruta).readText(Charsets.UTF_8)
}
```

7. Monitoreo de Rendimiento en Tiempo Real

- Uso de `trace` para Analizar la UI

    :

    - `trace` permite identificar cuellos de botella en la recomposición de funciones `@Composable`.

    - **Truco de Daedalus**: Usar `trace` en funciones críticas de la UI para detectar recomposiciones innecesarias.

    - Ejemplo:

```kotlin
kotlinCopiar código@Composable
fun PantallaDeRendimiento() {
    trace("Renderización de Lista") {
        LazyColumn {
            items(100) { index ->
                Text("Item #$index")
            }
        }
    }
}
```

8. Mejora de la Experiencia Multiplataforma con Recursos Compartidos

- Uso de Recursos Compartidos de Imágenes y Fuentes

  :

  - Cómo definir recursos compartidos de imágenes y tipografías para Android y Desktop.

  - **Truco de Daedalus**: Centralizar todos los recursos en un módulo común y referenciarlos en cada plataforma para mantener la coherencia visual.

  - Ejemplo de cómo compartir una fuente personalizada:

```kotlin
kotlinCopiar códigoval fuentePersonalizada
= FontFamily(
    Font("fonts/mi_fuente.ttf", weight =
FontWeight.Normal)
)

@Composable
fun TextoConFuente() {
    Text("Texto con fuente personalizada",
    fontFamily = fuentePersonalizada)
}
```

Características del Capítulo Oculto:

- **Consejos Avanzados**: Los trucos están diseñados para ofrecer soluciones a problemas comunes que enfrentan los desarrolladores de **Compose Multiplatform**.

- **Integración Multiplataforma**: Varios de los trucos incluyen estrategias para trabajar de manera eficiente con Kotlin Multiplatform y aprovechar la flexibilidad de la plataforma.

- **Estilo Personal**: El capítulo refleja la voz de **Daedalus**, ofreciendo una visión única y creativa para abordar el desarrollo con **Compose Multiplatform**.

Fin